FONTAINEBLEAU.

— ⬥ —

SOUVENIRS POÉTIQUES.

Ⓒ

FONTAINEBLEAU.

Souvenirs Poétiques,

PAR

Le Baron de CÈS CAUPENNE,

DIRECTEUR DU THÉATRE DE L'AMBIGU-COMIQUE.

Paris,

IMPRIMERIE DE PETIT,
Passage Lemoine, n. 380.

1855.

Au Roi

Sire,

A vous qui, dans votre sollicitude éclairée pour les arts et pour la poésie des temps passés, faites restaurer et embellir le Château de Fontainebleau, et ajoutez ainsi votre nom glorieux aux noms glorieux dont se composait déjà son histoire, à vous la dédicace d'un Poème destiné à retracer quelques événemens saillans dont cette résidence royale a été le théâtre.

J'ai l'honneur d'être, avec le plus profond respect,

Sire,

de Votre Majesté,

Le très-humble, très-obéissant et très-fidèle serviteur et sujet,

Baron de Cés Caupenne.

FONTAINEBLEAU.

FONTAINEBLEAU.

Les Rois n'ont qu'à vouloir : sous leur forte pensée

Présente une splendeur s'éteint,

On ressuscite une splendeur passée ;

La voix de leur desir est l'arrêt du destin.

Toi le plus poétique entre tes royaux frères ,

On allait oublier ton nom , Fontainebleau ;

Vivant , tu nous semblais couché dans le tombeau ,

Privé d'hommages funéraires ;

Nul ne parlait de toi , toi si grand , toi si beau ,

Toi le plus poétique entre tes royaux frères !

Tombe et berceau de rois, trône heureux de l'amour,

    Hautes ou tendres rêveries ,

   Que n'as-tu pas abrité tour-à-tour

    Dans tes royales galeries ?

Depuis ces jours lointains que leur antiquité

    Dérobe à notre connaissance ,

   Jours fortunés auxquels tu pris naissance ,

   Quelle grandeur ne t'a pas habité ?

    Rois , chevaliers , artistes et poètes ,

Beautés , pour qui la gloire est si douce à cueillir ,

    Qui ne se plut à t'embellir ,

A s'estimer heureux d'assister à tes fêtes ?

Un jour même chez toi le crime s'est dressé ! —

Hélas ! console-toi , partout où l'homme passe ,

De sang , comme de gloire , il imprime une trace.

—La gloire et le malheur , l'ont d'ailleurs effacé !

Et c'est sur toi des temps que pèse l'injustice !

Ah ! qui peut désormais se flatter qu'un moment

    Son nom ici-bas retentisse ,

Si l'on t'oublie , ô toi le plus beau diamant

De la couronne ceinte au front du Primatice !

Qui donc enfin viendra te tirer de l'oubli

Où ton nom radieux s'endort enseveli ?

Les Rois n'ont qu'à vouloir : sous leur forte pensée

    Présente une splendeur s'éteint ,

    Ou ressuscite une splendenr passée ;

La voix de leur désir est l'arrêt du destin.

    Où vont les Rois les Poètes les suivent !

    Puisqu'aujourd'hui ton nom revit plus beau,

Pour te chanter, Fontainebleau,

Nos souvenirs en foule arrivent.

Courtisan de ta pompe, en ce jour solennel

Où le monde à toi s'intéresse,

Je l'eusse été de ta détresse,

Si tu n'étais pas né pour briller éternel!

Ta gloire n'est point usurpée.

Toi qui lègues à l'avenir

Plus d'un immortel souvenir,

Prête l'oreille à ta grande épopée!

SAINT LOUIS.

1239.

C'était un roi pieux. — Sur sa couche étendu ,

Le mal brisait son corps , sans effrayer son âme ;

Car , bien que sur le trône , homme né de la femme,

A souffrir et pleurer il s'était attendu.

A ce moment fatal qu'il croyait le suprême ,

Il fit venir son fils : « Mon fils , je rends à Dieu

» Les jours qu'il m'a comptés. Il faut à ce que j'aime

» Aujourd'hui que je dise un éternel adieu.

» Vous , si d'un père mort la mémoire est sacrée ,

» Si votre amour survit au vieillard inhumé ,

» Du bonheur de mon peuple étendez la durée :

» Un roi n'est grand, mon fils, que lorsqu'il est aimé!

» Oh ! soyez juste et bon ! songez que la couronne

» Et que vos jours pour vous ne vous sont point donnés !

» Oh ! soyez juste et bon ! et souvent pardonnez ,

» Si vous voulez qu'un jour aussi Dieu vous pardonne!

» Si vous deviez jamais , coupable et sans remord,

» Oublier vos devoirs , ma volonté dernière ,

» Puisse à l'instant le ciel vous ôter la lumière :

» Plutôt que criminel , je vous aimerais mort!

———

Et la voix , expirant dans ta lugubre enceinte ,

Fit tressaillir tes murs d'une émotion sainte.

FRANÇOIS Ier.

15:9.

———◦◦◦———

Puis vinrent les Rois Chevaliers ! —

Par une éternelle harmonie,

Alors l'amour et le génie

Furent tes hôtes familiers.

Tu vis à tes fêtes charmantes

Concourir les travaux des arts ;

Tu vis aux belliqueux hasards

S'unir le culte des amantes,

Et, parmi tes nuits enivrantes,

Soupirer bien des preux Bayards.

Puis, quand après ces chaudes veilles

Le jour venait , ton œil saisi

S'ouvrait aux brillantes merveilles

Qu'en ton vaste sein agrandi

Jetaient **Primatice** et **Vinci**

De leurs mains en verve pareilles.

Un jour la perfidie espéra t'envahir.

Un fou la conseillait , — un fou ! — puis une femme !

   » C'est de l'adresse que trahir ;

  » Mais non vraiment , trahir n'est point infâme !

» Le monarque espagnol se confie à ta foi ;

  » A tes banquets ton rival se convie ,

» **Charles-Quint** !... emprisonne une si forte vie !

» Voici bien le moment de te payer ¸ ô **Roi**,

  » De ta rancune de **Pavie** !

Arrière ! — Le conseil trouva son cœur d'airain !

La lâcheté jamais n'en put saisir l'approche :

François premier avait eu pour parrain

Le Chevalier sans peur et sans reproche !

RICHELIEU.

1642.

Mais silence ! là bas, quel visiteur encor

T'arrive, balancé dans sa litière d'or,

A la démarche calme et lente ?

En croiras-tu tes yeux ? ne te trompent-ils pas ?

Dix-huit gardes du corps, - dix-huit ! - tous chapeau bas

Portent la maison ambulante [1].

2

Ce n'est donc point un homme ? Oh si !-mais homme fort,

Homme prédestiné pour le robuste effort

   De soulever dans ses mains un royaume !

A lui donc un honneur qui ne soit point banal !

Car ce pâle vieillard, car ce maigre fantôme

    C'est le terrible Cardinal !

A Richelieu salut ! — Oui, sous sa main hardie,

En tête des États notre France agrandie

   D'elle-même alla se ranger;

Il souffla dans nos cœurs sa superbe assurance ;

Il vint nous révéler notre prépondérance,

   Et l'imposer à l'étranger!

A Richelieu salut! — Oui sa tête puissante

Devina du pouvoir la science naissante.

Il travailla pour les âges futurs ;

Et, sous un soc brutal broyant les résistances,

Dans un sillon fertile il jeta des semences,—

    Semences aujourd'hui fruits mûrs.

Il ne fit que passer ; mais, de sa force empreinte ,

Au cœur il te cloua le respect et la crainte.

Souvent tu dois revoir son astre luire cieux !

Car ces Êtres d'en haut, quand parfois il en passe,

Détachent de leur front un rayon dans l'espace ,

    Rayon à jamais glorieux.

HENRIETTE D'ANGLETERRE.

1649.

Ouvre ta porte hospitalière ,

Jamais malheur plus grand ne vint frapper chez toi !

C'est une Reine en pleurs, fille et veuve de Roi ,

    Qui vient t'adresser sa prière.

Une tête a roulé sur l'échafaud de sang !...

Avec elle tombés gloire, honneurs, nom puissant,

Se sont évanouis comme de vains fantômes.

A l'Épouse souffrante il n'est plus un mari;

A la Reine exilée il n'est plus un abri ,

    Plus un seul dans ses trois royaumes!

Qu'elle en trouve un chez toi! Sous tes riches lambris

Oh! qu'elle croie au moins conserver un débris

De sa grandeur sitôt passée,

Et que le calme pur du seuil hospitalier

Lui vienne un jour enfin permettre d'oublier

Ce trône qui l'a délaissée!

Hélas! l'œil obsédé de tragiques fureurs,

Dans son pays natal se retrouvant captive,

Ne la vis-tu jamais se promener plaintive,

Triste sous tes saules pleureurs!

CHRISTINE DE SUÈDE.

1654 — 1657.

De respect que ton front s'incline !

Allons découvre-toi pour l'hôte impérieux

Qui s'en vient poser à tes yeux :

Découvre-toi, c'est la reine Christine !

Pour son orgueil un sceptre était insuffisant ;

Et quand elle eut prouvé qu'il n'était point pesant

Entre ses fortes mains de reine,

Elle le rejeta, pensant avoir compris

Que sa possession, bien moins que son mépris,

La rehausserait, la hautaine !

Esprit ambitieux, qui ne trouvait d'appas

Qu'aux objets éloignés qu'il ne possédait pas,

Y courait plein d'ardeur, puis les quittait sans peine;

Cœur de roc, qui ne sut s'attendrir un seul jour,

Et dont on aurait pu prendre un soupir d'amour

      Pour un rugissement de haine !

Tu l'éprouvas bientôt, infortuné Marquis,

Toi de premier abord qui crus avoir conquis

      Le cœur de ta royale amante !

Ah! pour quels torts, dis-nous, à nous qui l'ignorons,

Pour quel tort péris-tu? pour venger quels affronts

      Fallut-il ta tête charmante?

Tu priais et pleurais, te déchirant le sein,

Te repentant tout haut d'un perfide dessein,

      Implorant pardon sans relâche,

Disant : je ne veux pas mourir assassiné !

Autant que traître alors, tous, ils t'ont jugé lâche,

Sauf nous qui t'avons deviné :

Oui, riche d'avenir, d'amour, la vie est belle ! —

Mais il flattait en vain cette oreille rebelle

De son plaintif et tendre accent :

– Pardon, Reine ! – Frappez ! – Reine, pardon ! – Sur l'heure

Frappez ! — Si jeune encor, vous voulez que je meure ? —

Frappez ! Il me faut tout son sang !

Et dans ton sein alors, auquel ce crime pèse,

A longs flots ruissela le sang du malheureux.

Mais comme de terreur tu dus tressaillir d'aise :

Si le supplice fut affreux,

La Reine qui tua du moins n'est pas Française !

NAPOLÉON.

1804 — 1814.

Quand tout-à-coup surgit le Géant des combats !...

    Celui dont l'altière pensée

Apercevant un jour une couronne à bas

    Pour lui l'eut bientôt ramassée ;

Celui dont le canon aux cent voix en tout lieu

    Proclama la gloire infinie,

Qui fut d'abord Soldat par la grâce de Dieu ,

    Puis Empereur par son génie ;

Celui chez qui les rois en priant sont venus ;

    Dont la hauteur impériale ,

Après ces grands revers du monde entier connus ,

    N'eut que sa chûte pour égale.

Dès long-temps enfoui ton éclat s'exhuma ;

    Ton nom redevint populaire ;

Car du jour qu'il te vit, de ce jour il t'aima :

    A qui n'es-tu pas fait pour plaire ?

De son empire alors tu devins le foyer,

    Et le confident de son âme;

C'est chez toi que surtout le sort vint le choyer,

    Chez toi qu'il le trahit, l'infâme!

Car c'est chez toi qu'un jour , pour un royal hymen,

Sous des cieux tout d'azur , vint apporter sa main

    De grâces et d'attraits si riche,

Une femme , une fleur encor à son matin ,

Qu'au soldat parvenu fiançait le destin ,

    Fille des Rois et de l'Autriche ;

Que sous le baiser saint , le baiser embaumé

De l'épouse chérie à son époux aimé ,

Pour régner sur la vieille Rome ,

Dans une nuit d'ivresse et d'amour, fut conçu

Celui qu'avec transport les peuples ont reçu ,

    Le Roi futur , le Fils de l'Homme !

C'est chez toi qu'un vieillard auguste et souverain,

Contraint de se courber sous un pouvoir d'airain ,

Qu'un Pape,—un Pape veuf de sa Rome usurpée! —

A la ville éternelle adressant un adieu ,

Vint soumettre son front de vicaire de Dieu

    Au mandataire de l'Épée!

Mais c'est aussi chez toi qu'à l'horizon fatal

    Son astre brillant devint sombre;

Que du glaive puissant, du trône impérial

    Il ne lui resta plus qu'une ombre.

Oh ! sa vaillante armée ! oh ! son royal enfant !

    La gloire , sa grande patronne !

Et son peuple , par lui tant de fois triomphant ,

    Tous il faut qu'il les abandonne !

Où trouva-t-il ces mots de magique douleur,

    Quand , devant sa Garde en silence ,

Il pleura ses adieux , baisant avec chaleur

    Son aigle , exilé de la France ?

Oh ! ce qu'il dit alors notre cœur le retient ,

    Croit l'entendre encor et l'admire !

Oh! ce qu'il dit alors le monde s'en souvient

    Et nul n'oserait le redire !

Et la Garde pleurait en écoutant ces mots,

    Elle si bien faite aux alarmes ,

Elle pour qui jamais il n'exista de maux

    A lui faire verser des larmes!

Ils avaient supporté sur des sables ardens

La fatigue , la faim qui fait grincer les dents ,

    La soif au désert meurtrière ,

La peste qui détend le corps défiguré ,

Qui fait fuir vos amis à votre heure dernière...

   Et nul alors n'avait pleuré !

Ils avaient affronté de la froide Russie

Le ciel engourdissant , l'atmosphère épaissie

Où le frère expirait sur son frère expiré ;

Versé cent fois leur sang en des jours de carnage ,

Subi , loin de leur France , un pénible esclavage...

   Et nul alors n'avait pleuré !

Ils pleurèrent ici ! — Jamais, jamais l'histoire ,

   Dans le passé , dans l'avenir ,

   N'évoquera de souvenir

   Resplendissant de plus de gloire.

Mais à ceux qui viendront, l'œil de stupeur béant,

Interroger un jour l'indicible néant

    De tout dominateur du monde ,

Toi tu rappelleras le souvenir géant

    De ta petite table ronde ! [2]

1855.

Et ton histoire ici ne doit pas se borner !

    Lorsque tu vois de ta base à tes faîtes ,

Ainsi qu'aux plus beaux jours de tes plus belles fêtes ,

    Ces mille bras accourus pour t'orner ,

Toi qui, loin de vieillir, rajeunis d'âge en âge ,

Dans l'air qui t'environne , au-dessus de ton front ,

Ne sens-tu point planer comme un vague présage

    De grandes choses qui viendront ?

Ne te semble-t-il pas que sous ton nouveau maître ,

Il est facile encor à ton noble horizon

De retrouver des jours,—des jours plus grands peut-être!—

Que sous François, Henri, Louis, Napoléon?

Et moi, Poète obscur abrité sous ton aîle,

Qui me sens vibrer l'âme à tous noms éclatans,

Je chanterai bientôt cette gloire nouvelle:

    Epopée à venir, j'attends!

———————

Los Rois n'ont qu'à vouloir: sous leur forte pensée

    Présente une splendeur s'éteint,

  Ou ressuscite une splendeur passée;

La voix de leur désir est l'arrêt du destin.

Octobre 1835

Notes

Page 17, note [1].

En 1642, le cardinal de Richelieu revenant de Valence, en Dauphiné, où il était tombé malade, arriva au château de Fontainebleau, dans une chambre en bois, très-ornée et magnifiquement recouverte, contenant un lit, une table, une chaise, deux serviteurs, et portée par dix-huit gardes-du-corps, marchant la tête découverte et relayés de loin en loin. Ils avaient tous revendiqué cet honneur.

Page 30, note [2].

Tout le monde sait qu'on montre encore au château de Fontainebleau la petite table ronde sur laquelle l'Empereur signa l'acte d'abdication en 1814.

A LA REINE.

2

A la Reine.

POUR REMERCIER SA MAJESTÉ D'UN PORTRAIT DU ROI

DONT ELLE A DAIGNÉ ME FAIRE PRÉSENT

le 29 août 1835.

———◆———

Il est de ces momens auxquels l'homme en délire,

Citoyen, prend l'épée, et, Poète, la lyre!

Des battemens publics le cœur bat excité.

Chacun se crée alors un devoir pour son compte ;

Ne point agir semble une honte,

Et se taire une lâcheté!

Puis, l'ivresse passée, en soi l'on se recueille ;

Au livre de sa vie on inscrit une feuille

Sur laquelle jamais ne pèsera l'oubli ;

    Car, au cœur de l'homme qui pense,

    Est-il plus douce récompense

Que le pur souvenir d'un devoir accompli ?

C'est ainsi que j'ai fait, pour calmer vos alarmes

Quand naguère à vos pleurs je vins unir mes larmes.

    Et quel devoir pénible et doux

Que d'alléger peut-être, en s'y montrant sensible,

    Pour toi, France, un désastre horrible,

    Reine, un tourment affreux pour vous!

En moi-même, depuis, je trouvais mon salaire.

Mais la reconnaissance, aux nobles cœurs si chère,

Vous dit qu'un autre prix à mon œuvre était dû ;

Et vous m'avez fait don d'une autre récompense,

Vous révélant à moi comme la Providence

Qui des devoirs remplis nous fait une vertu !

Oh! si mon dévoûment pour vos royales têtes

Pouvait s'accroître encor du don que vous me faites,

Sous le prestige heureux de ma joie, on verrait

De mon amour pour vous s'élargir la limite !

Mais, pour que son image en mon cœur fût écrite,

Il n'était pas besoin, Reine, de son portrait !

Portrait, gage sacré d'une auguste indulgence,

Un jour mon fils grandi, te trouvant sous ses yeux,

Saura quel souvenir pieux

Pour lui, comme pour moi, s'attache à ta présence !

Je lui raconterai le crime , vos douleurs ,

La terreur s'élevant dans votre âme éperdue ,

Les pleurs universels se mêlant à vos pleurs ,

Votre sérénité pour bien long-temps perdue !

 Dans son jeune cœur en émoi,

Ma voix , insinuant ses leçons trop utiles ,

Lui soufflera l'horreur des discordes civiles

 Ainsi que l'amour de son roi.

Sans doute avant ce temps , descendu dans l'arène,

Pourrai-je aussi moi-même , Auguste Souveraine ,

Appuyer votre règne , après l'avoir chanté.

Alors , plus haut qu'ici, tonnant à la tribune,

J'éleverai ma voix pour la cause commune,

Pour la cause de l'Ordre et de la Royauté.

www.ingramcontent.com/pod-product-compliance
Lightning Source LLC
Chambersburg PA
CBHW060524210326
41520CB00015B/4298